Tout machine à pâtes

Dans la même collection

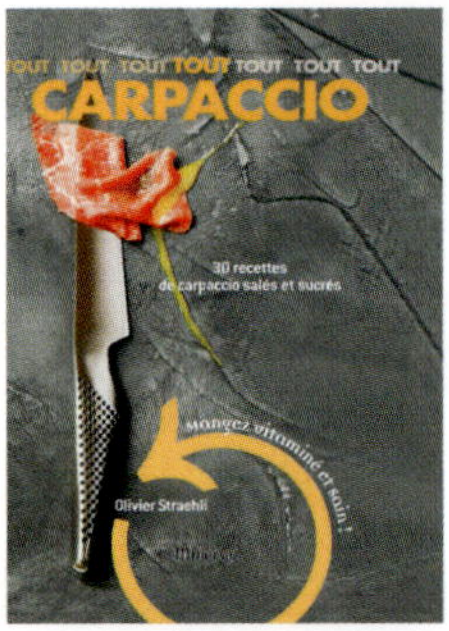

Conception graphique : Rachida Zerroudi
Connectez-vous sur : www.editionsminerva.fr

ISBN : 978-2-8307-1130-1

Tout machine à pâtes

30 recettes à toutes les sauces

✷

la pasta dans tous ses états !

Sylvie Girard-Lagorce

Photographies Laurent Grandadam
Stylisme Julie Schwob

Minerva

sommaire

pâtes fraîches : recette de base 10

les rubans
Fettuccine à l'ail et aux tomates séchées 12
Pâtes fraîches aux lardons grillés et au saumon fumé 14
Pappardelle au civet 16
Tagliatelle aux petites salades 18
Tagliatelle noires au crabe 20
Fettuccine au veau et aux pleurotes, sauce roquefort 22
Paille et foin à la piémontaise 24
Tagliatelle aux noix 26
Pappardelle au potiron 28
Tagliarini au citron 30
Pappardelle au basilic et aux haricots 32
Tagliolini primavera 34
Pappardelle au poulet et aux champignons 36
Tagliatelle aux raisins secs et aux pignons de pin 38
Tagliatelle aux foies de volaille 40

les pâtes à farcir
Cannelloni jambon ricotta 42
Ravioli aux épinards 44
Ravioli géants poisson et fruits de mer 46
Lasagne aux légumes 48
Cannelloni à la viande 50
Lasagne vertes au four 52

les fantaisies
Maltagliati au pesto 54
Macaroni au jambon 56
Farfalle alla mozzarella 58
Farfalle au saumon frais 60
Maltagliati aux aubergines 62
Fusilli aux brocolis 64
Brandelli aux asperges et aux crevettes 66
Brandelli aux artichauts 68

introduction

Sèches ou fraîches ?

• Avec des ingrédients aussi simples que de la farine et des œufs, les pâtes connaissent les formes et les apparences les plus variées, fils et rubans de différentes tailles, poches ou tubes à farcir, papillons, morceaux irréguliers, tubes ou tortillons.
• Si l'on utilise couramment les pâtes sèches à la farine de blé dur, le plaisir de réaliser soi-même des pâtes fraîches relève d'une autre gourmandise. La pâte des pâtes fraîches est une préparation facile comme un jeu d'enfants, qui procure une réelle satisfaction, en sachant que l'on réalise avec ses mains quelque chose de beau et de bon. Le pétrissage, le découpage et la manipulation des rubans, des carrés, des rectangles, mais aussi des *farfalle* ou des *fusilli,* permet de comprendre la richesse de certaines recettes traditionnelles. Une excellente raison de mettre la main à la pâte...

De l'utilité d'une machine à pâtes

• Il est possible, certes, de confectionner des rubans de pâte sans l'aide d'une machine. Mais l'intervention de celle-ci permet d'obtenir des pâtes plus fines et plus régulières, beaucoup plus facilement. Les magasins spécialisés dans le matériel de cuisine proposent différents modèles, en fonction de tous les budgets. Choisissez une machine solide, de préférence en acier inoxydable. Si elle est bien nettoyée et séchée après chaque usage, elle peut durer plusieurs années.
• En réglant l'intervalle entre les rouleaux de la machine, l'abaisse de pâte s'affine de plus en plus, jusqu'à l'obtention de l'épaisseur désirée, trois millimètres en général. On laisse toujours reposer les abaisses de pâte pendant un quart d'heure avant de les découper pour qu'elles se rétractent légèrement. Le découpage proprement dit peut alors s'opérer, en rubans plus ou moins larges, en carrés, en rectangles, de préférence sur un plan de travail légèrement fariné. Si la machine est équipée de couteaux, on utilise ceux-ci pour détailler la pâte en rubans ou autres formes, mais on peut également procéder à la main, avec un couteau à large lame sur le plan de travail.
• Il est toujours recommandé de laisser ensuite sécher les pâtes fraîches pendant quelques heures avant de les faire cuire. C'est en pratiquant souvent qu'on acquiert

le coup de main : au tout début, la recette et la manipulation vous sembleront ardues, mais très vite, vous pourrez acquérir les bons réflexes.

• La pâte elle-même se réalise facilement à l'aide d'un robot. Quant au laminoir, il en existe même des modèles électriques qui peuvent se fixer sur un robot ménager.

• Les pâtes fraîches se gardent au réfrigérateur pendant deux à trois jours, mais vous pouvez doubler les proportions pour en avoir d'avance, car elles se conservent facilement deux mois au congélateur. Dans ce cas, confectionnez des tagliatelle et enroulez-les en petits nids quand elles sont encore molles, ce qui permet de les conserver sans les abîmer.

Conseils pratiques

• C'est essentiellement la cuisson qui, pour les pâtes fraîches, demande certaines indications indispensables. On a l'habitude désormais d'exiger pour les pâtes une cuisson *al dente,* c'est-à-dire encore un peu fermes sous la dent, expression devenue trop couramment synonyme de bonne cuisson pour les pâtes.

• Si cela reste vrai pour les pâtes sèches, c'est un contre-sens absurde pour des pâtes fraîches : compte tenu de leur fabrication, les pâtes fraîches sont et resteront toujours tendres. Jamais dures (sèches) avant la cuisson, elles deviennent souples dès qu'on les plonge dans l'eau bouillante et doivent rester moelleuses. La durée de leur cuisson est toujours beaucoup plus courte que pour les pâtes sèches, mais elle nécessite, comme pour ces dernières, un grand volume d'eau portée à pleine ébullition. En revanche, la cuisson elle-même peut s'opérer sur feu plus doux et non à gros bouillons comme pour les spaghetti. Il est conseillé de saler dès que l'eau commence à bouillir. Inutile par ailleurs de mettre de l'huile dans l'eau de cuisson, sauf s'il s'agit de carrés ou de rectangles de lasagne. En revanche, on remue délicatement et souvent au début de la cuisson.

Sylvie Girard-Lagorce

pâtes fraîches
recette de base

POUR 4 PERSONNES *préparation : 20 min*

300 g de farine ordinaire
• 3 œufs • sel fin • farine en plus pour travailler

▪ Le principe de base consiste à mélanger les ingrédients sur la base de 100 g de farine pour 1 œuf. Vous pouvez donc augmenter les proportions en conséquence. Versez la farine sur le plan de travail, faites une fontaine au milieu et ajoutez les œufs battus à la fourchette dans un bol. Mélangez pendant 3 minutes, puis pétrissez la masse obtenue sur le plan de travail fariné pendant 10 minutes jusqu'à consistance lisse et élastique.

▪ Si vous avez un robot, versez la farine dans le bol mélangeur, puis actionnez l'appareil en ajoutant les œufs battus. Lorsque le mélange se fragmente en boulettes, pétrissez le tout sur une planche farinée pendant 10 minutes.

▪ Partagez la boule de pâte en portions égales et laissez les portions non utilisées sous un torchon propre. (Placez une casserole d'eau bouillante à proximité pour entretenir une atmosphère légèrement humide.) Réglez les rouleaux de la machine sur l'ouverture la plus large, farinez la portion de pâte et passez-la une fois dans la machine. Repliez-la ensuite en trois, appuyez dessus, puis repassez la pâte repliée dans la machine.

▪ Répétez la même opération plusieurs fois de suite en réglant les rouleaux à chaque fois d'un cran plus serré. Farinez la pâte à chaque fois régulièrement, mais très finement. Répétez ces mêmes opérations avec les autres portions de pâte. Rognez les bords des abaisses de pâte pour obtenir des grands rectangles réguliers, puis laissez reposer pendant 15 minutes avant de découper. Lorsque les pâtes sont découpées, farinez-les très légèrement et laissez-les reposer pendant au moins 1 heure sous un torchon propre.

BONUS GOURMAND : Pour aromatiser les pâtes à la tomate : ajoutez 2 cuillerées à soupe de concentré de tomate ; au safran : ajoutez 1 dose de safran ; à l'épinard : ajoutez 150 g d'épinards hachés surgelés, décongelés ; à l'encre de seiche : incorporez une poche d'encre à la pâte à la place d'un œuf. Ce qui permet d'obtenir des pâtes rouges, orangées, vertes ou noires.

fettuccine
à l'ail et aux tomates séchées

POUR 4 PERSONNES *préparation : 20 min* *cuisson : 25 min*

12 gousses d'ail bien charnues • 30 cl de lait • 2 cuill. à soupe de basilic ciselé • 1 grande tranche de pain de mie • 550 g de fettuccine fraîches • 1 petit pot de tomates séchées à l'huile • 80 g de parmesan fraîchement râpé • sel, poivre et noix de muscade râpée

▪ Pelez les gousses d'ail. Remplissez d'eau une casserole et portez à ébullition. Plongez les gousses d'ail dedans pendant 1 minute, égouttez-les et répétez l'opération deux fois. Versez le lait dans une casserole et faites chauffer. Ajoutez les gousses d'ail, le basilic et le pain émietté. Salez, poivrez et muscadez.

▪ Faites cuire sur feu doux pendant une vingtaine de minutes en remuant de temps en temps. Passez ensuite le tout au mixer jusqu'à consistance homogène. Goûtez et rectifiez l'assaisonnement. Tenez cette sauce au chaud.

▪ Égouttez les tomates séchées et coupez-les en petits morceaux dans un plat creux. Faites cuire les pâtes dans une grande quantité d'eau bouillante salée. Égouttez-les à fond en gardant en peu d'eau de cuisson (3 à 4 cuillerées à soupe).

▪ Versez les fettuccine sur les tomates séchées, en ajoutant un peu de l'huile qui a servi à les conserver. Mélangez rapidement. Délayez la sauce à l'ail avec l'eau de cuisson réservée et versez-la sur les pâtes. Mélangez à nouveau et servez aussitôt avec le parmesan râpé à part.

BONUS GOURMAND : Les fettuccine appartiennent à la famille des pâtes en forme de rubans. Elles sont plus larges que les tagliarini, mais moins larges que les tagliatelle. Néanmoins cette recette convient parfaitement pour ces trois types de pâtes. Les tomates séchées sont vendues en petits pots de verre dans les épiceries italiennes et même en grande surface. Ce sont des quartiers de tomates séchées au soleil et conservées à l'huile avec des épices et souvent des câpres hachées. C'est un excellent condiment à utiliser tel quel, haché ou émincé.

pâtes fraîches
aux lardons grillés et au saumon fumé

POUR 4 PERSONNES *préparation : 5 min cuisson : 10 min*

300 g de saumon fumé • 150 g de petits lardons fumés sans couenne • 1 petit bouquet d'aneth • 2 cuill. à soupe de persil plat ciselé • 25 cl de crème fleurette • 1/2 cuill. à café de piment d'Espelette • 400 g de pâtes fraîches • sel et poivre

▪ Détaillez le saumon fumé en fines lanières. Vérifiez que les lardons ne possèdent plus le moindre petit cartilage. Lavez, épongez et ciselez finement l'aneth, mélangez-le avec le persil. Mettez les lardons fumés dans une petite poêle et faites chauffer en remuant sans ajouter de matière grasse, jusqu'à ce qu'ils deviennent légèrement croustillants.

▪ Ajoutez les languettes de saumon et mélangez, baissez le feu et tenez au chaud. Poivrez, mais ne salez pas. Par ailleurs faites chauffer doucement la crème dans une petite casserole en ajoutant le piment d'Espelette.

▪ Faites cuire les pâtes dans une grande quantité d'eau bouillante salée. Égouttez-les à fond et versez-les dans un plat creux. Ajoutez aussitôt la crème bien chaude et le mélange d'aneth et de persil. Mélangez. Ajoutez les lanières de saumon et les lardons. Mélangez à nouveau et servez aussitôt.

BONUS GOURMAND : Pour cette recette, choisissez les pâtes fraîches de votre goût, tagliatelle, fettuccine, tagliarini ou pappardelle, c'est-à-dire des rubans de la largeur que vous voulez, nature, aromatisés à l'épinard, à l'encre de seiche ou à la tomate. Ne laissez jamais trop cuire les pâtes fraîches, sinon elles deviennent trop molles. Elles doivent rester moelleuses.

pappardelle
au civet

POUR 4 PERSONNES *préparation : 20 min* *trempage : 20 min* *cuisson : 35 min*

30 g de cèpes séchés • 1 carotte • 2 branches de céleri • 1 gros oignon • 2 gousses d'ail • 250 g de filet de chevreuil • 250 g de chair de lapin désossée • 5 cuill. à soupe d'huile d'olive • 20 cl de vin rouge • 400 g de tomates pelées au naturel • 2 feuilles de laurier • 500 g de pappardelle fraîches • sel et poivre

▪ Mettez les cèpes séchés dans un bol, couvrez d'eau chaude et laissez tremper pendant 20 minutes. Pendant ce temps, pelez et émincez finement la carotte, l'oignon et les gousses d'ail. Effilez et émincez les branches de céleri.

▪ Faites chauffer l'huile dans une grande sauteuse. Ajoutez les légumes précédents, mélangez et faites revenir en remuant pendant 2 minutes. Ajoutez ensuite la chair de chevreuil grossièrement hachée au couteau, ainsi que la chair de lapin. Mélangez et faites dorer en remuant avec une spatule en bois.

▪ Versez le vin en remuant, ajoutez les tomates hachées et les feuilles de laurier, ainsi que les cèpes bien égouttés et hachés également. (Conservez le liquide de trempage.) Salez et poivrez. Couvrez et faites mijoter tranquillement pendant 20 minutes. Retirez les feuilles de laurier et ajoutez un peu du liquide de trempage des cèpes (bien filtré), pour obtenir une sauce consistante mais pas trop épaisse.

▪ Faites cuire les pappardelle dans une grande quantité d'eau bouillante salée jusqu'à ce qu'elles soient bien tendres, puis versez-les dans un grand plat creux bien chaud. Ajoutez la sauce et mélangez intimement. Servez aussitôt. Vous pouvez aussi répartir les pâtes dans des assiettes creuses chaudes et napper de sauce-civet.

BONUS GOURMAND : Les pappardelle appartiennent à la catégorie des rubans de pâte les plus larges. En effet, elles mesurent généralement 2 cm de large et accompagnent traditionnellement les civets (de lapin, de lièvre ou autre gibier), ainsi que les ragoûts de viande en sauce au vin rouge. Ce sont toujours des sauces assez consistantes qui leur conviennent, avec des saveurs bien relevées. Le parmesan en condiment à l'assiette est facultatif. Ce plat d'automne ou d'hiver est à déguster avec un vin rouge italien assez corsé, comme le barolo ou le brunello di Montalcino.

tagliatelle
aux petites salades

POUR 4 PERSONNES *préparation : 15 min* *cuisson : 8 à 10 min*

400 g de tagliatelle fraîches • 1 endive • 1 tête de trévise • 100 g de roquette • 1 sucrine • 2 échalotes • 50 g de persil plat ciselé • 10 cl d'huile d'olive vierge extra • parmesan fraîchement râpé • sel et poivre

▪ Sortez les tagliatelle du réfrigérateur pour qu'elles soient à température ambiante et faites chauffer une grande quantité d'eau légèrement salée. Parez l'endive, la trévise et la sucrine en coupant la base (évidez le centre un peu amer). Effeuillez-les, mélangez-les avec la roquette, lavez-les et essorez-les.

▪ Pelez et émincez les échalotes. Faites chauffer 4 cuillerées à soupe d'huile dans une grande sauteuse. Ajoutez les échalotes et faites-les revenir pendant 2 à 3 minutes. Ajoutez les salades taillées en chiffonnade ou en lanières et faites revenir le tout sur feu vif pendant 3 minutes. Salez et poivrez. Réservez.

▪ Plongez les tagliatelle dans l'eau bouillante et remuez. Faites cuire jusqu'à ce qu'elles soient tendres en remuant de temps en temps. Égouttez-les à fond et versez-les dans la sauteuse en ajoutant le reste d'huile. Ajoutez le persil, salez modérément et poivrez. Mélangez intimement et servez. Saupoudrez de parmesan les assiettes et dégustez.

BONUS GOURMAND : Pour cette recette végétarienne, n'hésitez pas à confectionner des tagliatelle vertes à l'épinard, en ajoutant à la pâte de base de farine et d'œufs 60 g d'épinards cuits et réduits en purée. La proportion de parmesan dépend de votre goût : c'est plus un assaisonnement de dernière minute. Il ne doit pas masquer la saveur du ragoût de petites salades.

tagliatelle
noires au crabe

POUR 4 PERSONNES *préparation : 1 h cuisson : 5 à 8 min*

400 g de tagliatelle fraîches noires • 1 araignée de mer vivante • 2 gousses d'ail • 4 cuill. à soupe d'estragon ciselé • 2 cuill. à soupe de cognac • 12 cl de crème fleurette • 2 cuill. à soupe d'huile d'olive • 1 cuill. à soupe de vinaigre de vin blanc • sel et poivre blanc

▪ Lavez et brossez l'araignée de mer. Faites-la cuire à l'eau bouillante salée pendant une vingtaine de minutes, puis égouttez-la et laissez-la tiédir. (Vous pouvez aussi l'acheter cuite chez votre poissonnier, mais il arrive qu'elle ait alors séjourné au réfrigérateur, ce qui rend la chair nettement moins savoureuse.) Ouvrez la carapace et cassez les pattes ; récupérez toute la chair et émiettez-la. Réservez. Faites chauffer une grande quantité d'eau bouillante salée.

▪ Faites chauffer l'huile d'olive dans une grande poêle. Ajoutez les gousses d'ail pelées et émincées, puis la chair du crustacé. Remuez en faisant revenir pendant quelques minutes, puis ajoutez l'estragon, mélangez et retirez du feu.

▪ Faites cuire les tagliatelle noires pendant quelques minutes jusqu'à ce qu'elles soient tendres, puis égouttez-les soigneusement. Versez-les dans la poêle, ajoutez la crème fraîche et le cognac. Mélangez délicatement, salez et poivrez. Servez aussitôt.

BONUS GOURMAND : Pour obtenir des tagliatelle noires, il suffit d'ajouter aux ingrédients de base une cuillerée à soupe d'encre de seiche. (Vous trouverez des poches d'encre chez votre poissonnier.) Les pâtes aux fruits de mer ou au poisson ne sont jamais accompagnées de parmesan ou de fromage râpé. Vous pouvez remplacer le vinaigre de vin blanc par du vinaigre balsamique. Pour une préparation plus rapide, remplacez la chair de l'araignée de mer par de la chair de crabe en boîte (environ 400 g).

fettuccine

au veau et aux pleurotes, sauce roquefort

POUR 4 PERSONNES *préparation : 15 min cuisson : 30 min*

500 g de pleurotes • 500 g de noix de veau • 2 petites échalotes • 1 gousse d'ail • 4 cuill. à soupe d'huile d'olive • 80 g de beurre • 200 g de roquefort • 30 cl de crème fraîche • 1 petit bouquet de cerfeuil • 500 g de fettuccine • 60 g de parmesan fraîchement râpé • sel et poivre

▪ Nettoyez les pleurotes, de préférence sans les laver, puis émincez-les. Détaillez la viande en fines escalopes. (Demandez éventuellement au boucher de le faire pour vous.) Pelez et hachez les échalotes et la gousse d'ail. Lavez, épongez et ciselez les feuilles du cerfeuil.

▪ Faites chauffer l'huile dans une grande poêle, ajoutez les échalotes et l'ail. Faites fondre doucement en remuant, pendant 2 minutes, puis ajoutez les pleurotes et faites-les sauter en les retournant délicatement pendant 6 à 7 minutes, salez et poivrez. Retirez du feu.

▪ Faites chauffer 20 g de beurre dans une autre poêle. Ajoutez les lamelles de veau, salées et poivrées. Faites-les sauter en les retournant plusieurs fois jusqu'à ce qu'elles soient dorées, pendant une dizaine de minutes. Retirez du feu.

▪ Faites chauffer le reste de beurre dans une casserole. Ajoutez le roquefort émietté et faites fondre le tout en remuant sur feu doux. Ajoutez la crème et mélangez en remuant pendant 5 minutes jusqu'à consistance onctueuse. Incorporez le cerfeuil, mélangez et retirez du feu.

▪ Faites cuire les pâtes dans une grande quantité d'eau bouillante salée. Égouttez-les quand elles sont bien tendres. Versez-les dans un plat creux et chaud sur la sauce au roquefort bien chaude. Ajoutez les pleurotes et les lamelles de veau, réchauffées dans leurs poêles respectives. Saupoudrez de parmesan et servez.

BONUS GOURMAND : Les pleurotes sont désormais des champignons de culture comme les champignons de Paris. Choisissez-les assez petits et fermes, sinon ils risquent de se désagréger à la cuisson. Le cerfeuil est un aromate délicat. Comme son arôme est volatile, il est toujours conseillé de le faire chauffer ou cuire le plus rapidement possible. Vous pouvez, pour une saveur plus originale, le remplacer par de la coriandre fraîche.

paille et foin
à la piémontaise

POUR 4 PERSONNES *préparation : 10 min cuisson : 30 min environ*

200 g de petits pois surgelés • 80 g de beurre
• 1 oignon nouveau • 150 g de jambon cuit • 2 tomates • 200 de tagliolini verts
• 200 g de tagliolini jaunes • 2 cuill. à soupe de persil plat • 1 cuill. à soupe de basilic
• 12 cl de crème fleurette • sel et poivre

▪ Versez 1 litre d'eau dans une casserole et faites bouillir. Ajoutez les petits pois surgelés et portez à nouveau à ébullition pendant 2 minutes. Égouttez-les. Faites fondre 40 g de beurre dans une sauteuse, ajoutez l'oignon paré et grossièrement haché (avec une partie du vert), ainsi que le jambon découenné, taillé en languettes.

▪ Mélangez délicatement et ajoutez les petits pois. Laissez mijoter doucement pendant 10 minutes, puis ajoutez les tomates ébouillantées, pelées et taillées en petits dés. Poursuivez la cuisson doucement pendant 10 minutes, salez et poivrez.

▪ Pendant ce temps, faites bouillir une grande quantité d'eau, salez et plongez les deux variétés de pâtes dedans. Laissez-les cuire jusqu'à ce qu'elles soient bien tendres, puis égouttez-les à fond et versez-les dans un récipient creux avec le reste de beurre en parcelles.

▪ Ajoutez la crème et les fines herbes, mélangez délicatement, puis ajoutez la sauce aux petits pois et aux tomates. Mélangez à nouveau et servez aussitôt.

BONUS GOURMAND : Cette recette typique de la cuisine piémontaise doit son nom à la couleur des pâtes utilisées : moitié vertes (aromatisées et colorées à l'épinard), moitié jaune pâle (c'est-à-dire nature). Les tagliolini sont des rubans de pâte un peu moins larges que les tagliatelle (2 à 3 mm au lieu de 5).

tagliatelle
aux noix

POUR 4 PERSONNES *préparation : 15 min cuisson : quelques minutes*

400 g de tagliatelle fraîches • 250 g de cerneaux de noix • 2 tranches de pain de mie • 80 g de beurre • 3 gousses d'ail • 12 cl de lait • sel et poivre

▪ Retirez la croûte des tranches de pain et émiettez la mie dans un grand bol ; versez le lait dessus et laissez reposer. Pelez et hachez les gousses d'ail. Mettez-les dans un mortier avec les cerneaux de noix. Pilez ce mélange en lui gardant une texture assez grossière.

▪ Ajoutez ensuite le contenu du bol (mie de pain et lait), salez et poivrez. Continuez à piler jusqu'à consistance homogène. Rajoutez éventuellement un peu de lait si la sauce est trop épaisse. Laissez reposer.

▪ Faites chauffer une grande quantité d'eau, salez et faites chauffer. Ajoutez les tagliatelle et faites-les cuire jusqu'à ce qu'elles soient bien tendres. Mettez le beurre en parcelles dans un plat creux de service chaud. Versez les pâtes bien égouttées dedans et ajoutez la sauce. Mélangez intimement et servez aussitôt.

BONUS GOURMAND : La légende rapporte que cette sauce aux noix, qui accompagne également les tortellini, aurait été inventée par un cuisinier de la ville de Sienne au XVIe siècle. Mais on retrouve des recettes pratiquement identiques dans la cuisine turque… Elle n'en garde pas moins une actualité hautement savoureuse. Vous pouvez l'agrémenter, au moment de servir, d'un filet d'huile de noix ou de noisette et d'un peu de persil plat ciselé.

pappardelle
au potiron

POUR 4 PERSONNES *préparation : 15 min cuisson : 45 min environ*

5 échalotes • 800 g de potiron prêt à cuire • 60 g de beurre • 1 cuill. à soupe de romarin frais haché • 4 cuill. à soupe de persil plat ciselé • 4 cuill. à soupe de basilic ciselé • 20 cl de crème fleurette • 450 g de pappardelle fraîches • 1 cuill. à soupe d'huile d'olive • 4 cuill. à soupe de parmesan râpé • sel et poivre

▪ Pelez et émincez finement les échalotes. Préparez le potiron. Faites fondre le beurre dans une casserole à fond épais. Ajoutez les échalotes et faites-les fondre en remuant sans arrêt avec une cuiller en bois pendant 10 minutes.

▪ Ajoutez les morceaux de potiron, salez, poivrez et muscadez. Ajoutez 2 à 3 cuillerées à soupe d'eau et couvrez. Laissez mijoter doucement en remuant de temps en temps pendant 30 minutes. Passez le contenu de la casserole au mixer, remettez-le dans la casserole et ajoutez la crème fraîche, le romarin, le persil et le basilic.

▪ Mélangez et laissez chauffer doucement sans bouillir pendant la cuisson des pâtes. Faites cuire celles-ci dans une grande quantité d'eau bouillante salée en ajoutant l'huile d'olive jusqu'à ce qu'elles soient bien moelleuses.

▪ Égouttez-les soigneusement et versez-les dans un plat creux bien chaud. Versez la sauce au potiron dessus, ajoutez le parmesan et mélangez rapidement avant de servir.

BONUS GOURMAND : Pour obtenir 800 g de potiron prêt à cuire, comptez une grosse tranche d'un kilo. Retirez l'écorce avec un couteau bien aiguisé. Éliminez également les graines et les fibres situées au cœur, puis détaillez la chair en cubes. Les pappardelle peuvent être nature ou aromatisées et colorées à la tomate, pour un plat plus coloré.

tagliarini
au citron

POUR 4 PERSONNES *préparation : 10 min cuisson : 15 min*

3 gros citrons • 80 g de beurre • 25 cl de crème fleurette
• 500 g de tagliarini (ou de tagliatelle) • 4 cuill. à soupe de persil plat ciselé
• parmesan râpé (facultatif) • sel et poivre

▪ Prélevez le zeste des citrons avec un zesteur, puis hachez-les finement, ou bien râpez le zeste avec une râpe fine. Réservez ce zeste, puis pressez le jus des citrons à l'aide d'un presse-agrumes, en prenant soin d'éliminer les pépins.

▪ Réunissez dans une grande sauteuse le beurre en parcelles, la crème et le jus des citrons. Faites chauffer doucement en remuant avec une cuiller en bois jusqu'à ce que le beurre soit bien fondu, salez et poivrez. Couvrez et retirez du feu.

▪ Faites cuire les pâtes dans une grande quantité d'eau bouillante salée, puis égouttez-les et versez-les aussitôt dans la sauteuse où se trouve la sauce. Ajoutez le zeste et le persil. Mélangez intimement et faites chauffer pendant 2 minutes en remuant. Goûtez et rectifiez l'assaisonnement. Servez aussitôt en proposant le parmesan à part.

BONUS GOURMAND : La qualité des citrons est primordiale pour ce plat de pâtes délicatement parfumé. Choisissez des citrons de préférence non traités, à l'écorce fine, bien fermes. Pour en extraire le maximum de jus, faites-les rouler sur le plan de travail en appuyant dessus avec la paume de la main. La râpe à main à trous fins est indispensable pour prélever le zeste, à moins de posséder un zesteur, qui permet de prélever de fines languettes, sans la partie blanche amère située sous le zeste.

dal 1860

pappardelle
au basilic et aux haricots

POUR 4 PERSONNES *préparation : 10 min cuisson : 20 min environ*

2 petites échalotes • 4 tomates
• 350 g de haricots blancs en boîte au naturel • 10 cl d'huile d'olive vierge extra
• 350 g de pappardelle fraîches • une dizaine de feuilles de basilic
• parmesan fraîchement râpé • sel et poivre

▪ Pelez et hachez finement les échalotes. Ébouillantez et pelez les tomates. Coupez-les en petits dés. Égouttez, rincez et égouttez à nouveau les haricots (vous pouvez aussi prendre des flageolets).

▪ Faites chauffer la moitié de l'huile dans un poêlon ou une sauteuse. Ajoutez les échalotes et faites-les revenir pendant 2 minutes. Ajoutez les tomates et les haricots. Salez et poivrez. Mélangez et faites mijoter en remuant de temps en temps pendant un bon quart d'heure.

▪ Recoupez les pappardelle en petits tronçons et faites-les cuire dans une grande quantité d'eau bouillante salée. Quand elles sont bien tendres, égouttez-les et versez-les dans une grande sauteuse avec le reste d'huile. Ajoutez la sauce, mélangez, puis faites chauffer sur feu doux en ajoutant le basilic ciselé. Rectifiez l'assaisonnement et servez aussitôt, avec du parmesan râpé à part.

BONUS GOURMAND : Cette recette est typique de la cuisine toscane, où l'on apprécie tout particulièrement les haricots blancs, ainsi que l'huile d'olive la plus parfumée possible. C'est une recette d'hiver, dans laquelle vous pouvez utiliser du basilic surgelé, si vous n'en trouvez pas de frais. Vous pouvez aussi supprimer le basilic et ajouter au dernier moment sur les pâtes, dans les assiettes, une cuillerée de pesto délayé dans un peu d'huile. La recette est encore meilleure si vous faites cuire vous-même les haricots en grains.

tagliolini primavera

POUR 4 PERSONNES *préparation : 10 min* *cuisson : environ 5 min*

2 gousses d'ail bien charnues • 40 g de beurre
• 4 cuill. à soupe d'huile d'olive • 1 cuill. à soupe de poudre d'amandes
• 1/2 citron • 100 g de parmesan fraîchement râpé • 4 cuill. à soupe de basilic frais ciselé
• 4 cuill. à soupe de menthe fraîche ciselée • quelques feuilles de sauge fraîches
• 450 g de tagliolini frais (ou de tagliatelle fraîches)
• sel et poivre

▪ Pelez les gousses d'ail, coupez-les en deux et retirez le germe. Hachez-les très finement. Faites chauffer la moitié du beurre avec la moitié de l'huile dans une poêle. Ajoutez l'ail et faites-le revenir en remuant pendant 2 minutes.

▪ Ajoutez la poudre d'amandes et le jus du citron, la moitié du parmesan, ainsi que le basilic, la menthe et les feuilles de sauge ciselées au dernier moment avec une paire de ciseaux. Salez et poivrez. Mélangez intimement et retirez du feu.

▪ Faites cuire les pâtes fraîches dans une grande quantité d'eau bouillante salée jusqu'à ce qu'elles soient bien tendres. Égouttez-les soigneusement et versez-les dans un plat creux chaud avec le reste de beurre en parcelles. Mélangez, salez et poivrez.

▪ Faites réchauffer doucement le contenu de la poêle en lui ajoutant le reste d'huile et versez-le sur les pâtes chaudes. Poudrez avec le reste de parmesan, remuez et servez aussitôt.

BONUS GOURMAND : *Primavera* veut dire printemps en italien. C'est dire l'intérêt de trouver pour cette recette des ingrédients printaniers de toute première fraîcheur. Les gousses d'ail sont en général meilleures si l'on prend soin de retirer le germe situé au cœur. Quant à l'huile d'olive, choisissez une variété fruitée, légèrement poivrée, au léger goût d'artichaut (comme celles que l'on trouve en Toscane ou en Ombrie). Si vous trouvez que la sauce est un peu sèche ou trop courte, ajoutez un peu d'eau de cuisson des pâtes au moment de la réchauffer.

pappardelle
au poulet et aux champignons

POUR 4 PERSONNES *préparation : 20 min cuisson : 50 min*

250 g de champignons de couche • $^1/_2$ citron • 800 g de tomates pelées au naturel • 1 piment rouge frais • 3 cuill. à soupe d'huile d'olive • 400 g de blancs de poulet • 2 gousses d'ail • 400 g de pappardelle fraîches • 4 cuill. à soupe de persil plat ciselé • sel et poivre du moulin

▪ Parez les champignons en supprimant la base du pied terreux ; évitez de les laver. Émincez-les dans un petit saladier. Râpez le zeste du demi-citron et réservez-le. Arrosez les champignons avec le jus. Hachez grossièrement les tomates et versez-les dans une sauteuse avec leur jus. Posez sur feu doux.

▪ Ajoutez le piment épépiné et haché, ainsi que les champignons, et faites chauffer en remuant. Portez lentement à ébullition, baissez le feu et laissez mijoter pendant 25 à 30 minutes en remuant de temps à autre.

▪ Pendant ce temps, faites chauffer l'huile d'olive dans une poêle, ajoutez les blancs de poulet taillés en languettes, ainsi que les gousses d'ail pelées et émincées. Mélangez et faites revenir en remuant pendant une quinzaine de minutes sur feu doux.

▪ Faites chauffer une grande quantité d'eau bouillante salée, faites cuire les pappardelle jusqu'à ce qu'elles soient bien tendres. Égouttez-les et répartissez-les dans des assiettes creuses chaudes. Ajoutez le poulet à l'ail, puis nappez avec la sauce tomate aux champignons et parsemez le dessus avec le persil mélangé avec le zeste de citron. Donnez un tour de moulin à poivre et servez.

BONUS GOURMAND : Vous pouvez dans cette recette utiliser aussi bien des cèpes séchés (comme dans la recette des pappardelle au civet, p. 16), des girolles ou même des shiitake frais, dont la saveur charnue et légèrement fumée convient très bien à ce plat. N'oubliez pas d'épépiner le piment, sinon la sauce risque d'être un peu trop piquante. Vous pouvez également réaliser cette recette avec des tagliatelle fraîches rouges (à la tomate).

tagliatelle
aux raisins secs et aux pignons de pin

POUR 4 PERSONNES *préparation : 5 min* *cuisson : 8 min environ*

100 g de petits raisins secs sans pépins
• 2 branches de céleri • 1 oignon • 400 g de tagliatelle fraîches
• 5 cuill. à soupe d'huile d'olive • 100 g de pignons de pin
• sel et poivre

▪ Mettez les raisins secs dans un bol, couvrez-les d'eau bouillante et laissez-les tremper pendant le reste de la préparation. Effilez et émincez finement les branches de céleri. Pelez et hachez finement l'oignon.

▪ Faites chauffer l'huile d'olive dans une grande poêle. Ajoutez le céleri et l'oignon. Mélangez, salez et poivrez. Faites revenir pendant 3 minutes. Égouttez les raisins secs et ajoutez-les. Mélangez et réservez.

▪ Faites chauffer une grande quantité d'eau, salez et faites cuire les tagliatelle jusqu'à ce qu'elles soient tendres. Pendant ce temps, faites griller les pignons de pin à sec dans une petite poêle en les surveillant pour qu'ils ne roussissent pas trop.

▪ Remettez la poêle sur le feu. Égouttez soigneusement les tagliatelle et versez-les dans la poêle, ajoutez les pignons de pin et mélangez intimement. Goûtez et rectifiez l'assaisonnement. Servez aussitôt.

BONUS GOURMAND : Ces tagliatelle ainsi assaisonnées se servent volontiers avec un rôti de bœuf ou un poulet rôti. Dans ce cas, remplacez l'huile d'olive par le jus du rôti. Le parmesan ou le fromage râpé en accompagnement est facultatif. À la place du parmesan, n'oubliez pas non plus le pecorino un peu affiné, dont la saveur est un peu piquante : dans ce cas, attention à l'assaisonnement en sel.

tagliatelle
aux foies de volaille

POUR 4 PERSONNES *préparation : 15 min cuisson : 25 min environ*

1 carotte • 1 oignon • 1 branche de céleri • 200 g de foies de volaille • 25 g de beurre • 3 cuill. d'huile d'olive • 4 feuilles de sauge • 1 cube de bouillon de volaille • 1 cuill. à soupe de concentré de tomate • 400 g de tagliatelle fraîches • parmesan râpé pour servir (facultatif) • sel et poivre

▪ Pelez la carotte et l'oignon. Effilez la branche de céleri. Hachez finement ces trois ingrédients au couteau (en très petits dés). Parez les foies de volaille (en retirant éventuellement les traces de fiel et la graisse) ; coupez-les en petits morceaux.

▪ Faites chauffer le beurre avec 1 cuillerée à soupe d'huile dans une sauteuse. Ajoutez les légumes et faites-les revenir en remuant pendant 5 minutes, puis ajoutez les foies de volaille et la sauge ciselée. Mouillez avec un peu de bouillon (le cube émietté dans un verre d'eau bouillante) et ajoutez le concentré de tomate.

▪ Laissez mijoter tranquillement pendant une vingtaine de minutes à découvert, en remuant de temps en temps. Goûtez et rectifiez l'assaisonnement. Pendant ce temps, faites chauffer une grande quantité d'eau bouillante, salez et plongez les tagliatelle dedans. Faites-les cuire jusqu'à ce qu'elles soient bien tendres.

▪ Égouttez-les et versez-les dans un plat creux avec le reste d'huile d'olive. Ajoutez la sauce, mélangez intimement et rectifiez l'assaisonnement. Servez dans des assiettes creuses et saupoudrez éventuellement de parmesan. Dégustez aussitôt.

BONUS GOURMAND : Pour saler l'eau de cuisson des pâtes, vous avez le choix entre plusieurs solutions. Soit le gros sel classique : il doit être ajouté lorsque l'eau commence à bouillir. Soit le sel fin, qui peut être ajouté en début de cuisson de l'eau. Vous pouvez aussi choisir un sel aromatisé (aux épices, au sel de céleri). Mais attendez toujours que l'eau se remette à bouillir à gros bouillons avant d'ajouter les pâtes, surtout les fraîches. Dans cette recette, vous pouvez utiliser non seulement des foies de poulet, mais aussi de canard (non engraissé) ou même de lapin.

cannelloni
jambon ricotta

POUR 4 PERSONNES *préparation : 15 min cuisson : 1h environ*

2 oignons • 3 gousses d'ail • 2 cuill. à soupe d'huile d'olive
• 2 cuill. à soupe de basilic ciselé • 800 g de tomates pelées au naturel
• 1 cuill. à soupe de sauce anglaise (Worcestershire) • 400 g de carrés de pâte à pâtes fraîches de 8 à 10 cm de côté • 30 g de beurre • 250 g de ricotta • 125 g de jambon cuit
• 1 œuf • 80 g de parmesan fraîchement râpé • sel et poivre

▪ Rincez finement les oignons et les gousses d'ail. Faites chauffer l'huile dans une poêle ou une sauteuse, ajoutez les oignons et l'ail. Faites revenir en remuant pendant 4 à 5 minutes sur feu modéré, puis ajoutez le basilic. Mélangez, salez et poivrez.

▪ Ajoutez les tomates pelées, grossièrement écrasées, ainsi que le jus qui les accompagne. Mélangez et ajoutez la sauce anglaise. Laissez mijoter doucement à découvert pendant 30 minutes jusqu'à ce que la sauce devienne un peu épaisse. Tenez au chaud.

▪ Faites cuire les carrés de pâte dans une grande quantité d'eau bouillante salée, en les plongeant un par un. Laissez-les cuire à peine 4 minutes, puis égouttez-les et déposez-les sur un torchon propre. Beurrez un plat à gratin. Mélangez dans un petit saladier la ricotta, le jambon émincé et l'œuf.

▪ Étalez un peu de cette farce sur chaque carré de pâte, puis enroulez les carrés farcis sur eux-mêmes. Rangez-les côte à côte dans le plat beurré. Nappez-les avec la sauce, puis saupoudrez de parmesan. Faites gratiner dans le four pendant 25 minutes à 180 °C (th.6). Servez dans le plat.

BONUS GOURMAND : Veillez à ce que les carrés de pâte soient bien séchés avant de les farcir, sinon la sauce et la garniture risquent de trop les ramollir. Déposez-les sur un grand torchon propre sitôt cuits (à peine cuits), puis épongez-les délicatement avec du papier absorbant. Vous pouvez remplacer le parmesan par du pecorino affiné et râpé (fromage de brebis italien au goût un peu piquant).

ravioli
aux épinards

POUR 4 PERSONNES *préparation : 30 min* *cuisson : 8 min environ*

300 g de feuilles d'épinard • 150 g de ricotta
• 2 cuill. à café de noix de muscade râpée • 2 jaunes d'œufs • 100 g de parmesan râpé
• 500 g de pâte à pâtes fraîches • 80 g de beurre
• quelques feuilles de sauge fraîches • sel et poivre

▪ Lavez les épinards et coupez les queues. Plongez-les dans une grande casserole d'eau bouillante salée, laissez bouillonner 2 à 3 minutes, puis égouttez-les dans une passoire, rafraîchissez-les, attendez quelques minutes, puis pressez-les pour éliminer le maximum d'eau. Hachez-les ensuite grossièrement.

▪ Mélangez dans un saladier les épinards hachés, la ricotta, la noix de muscade, les jaunes d'œufs et 2 cuillerées à soupe de parmesan. Salez et poivrez. Réservez.

▪ Abaissez la pâte sur 3 mm d'épaisseur et découpez dedans deux rectangles de 38 x 25 cm environ. Déposez-les à plat sur le plan de travail fariné. À l'aide d'une petite cuiller, posez des petits tas de farce sur l'un des deux rectangles en les espaçant de 5 cm environ, bien alignés, sur trois rangs.

▪ Passez un pinceau humecté d'eau entre les tas de farce, puis posez le second rectangle de pâte dessus. Appuyez légèrement entre les tas de farce pour souder, puis découpez les ravioli avec une roulette à pâtisserie dentelée. Appuyez fermement sur les côtés pour bien souder et laissez sécher les ravioli pendant 10 minutes.

▪ Faites cuire les ravioli à l'eau bouillante salée pendant 5 minutes. Faites fondre le reste de beurre. Versez les ravioli cuits bien égouttés dans un plat creux, arrosez de beurre fondu et ajoutez la sauge ciselée. Mélangez délicatement et saupoudrez de parmesan.

BONUS GOURMAND : Vous pouvez remplacer les épinards par du vert de bettes ou même un mélange de feuilles vertes ciselées (laitue, chou vert, épinard). N'omettez pas la noix de muscade fraîchement râpée, qui donne une saveur spéciale à la farce. Si vous ne trouvez pas de sauge fraîche, remplacez-la par du basilic.

ravioli géants
poisson et fruits de mer

POUR 4 PERSONNES *préparation : 30 min cuisson : 20 min environ*

500 g de pâte à pâtes fraîches • 3 douzaines de grosses moules de bouchot • 1 échalote • 2 cuill. à soupe de persil • 100 g de beurre • 4 cuill. de vin blanc sec • 12 belles noix de saint-jacques • 1 citron • 300 g de saumon frais sans peau ni arêtes • 1 cuill. à soupe d'huile d'olive • 3 cuill. à soupe de crème fleurette • 4 cuill. à soupe d'estragon ciselé • sel et poivre

▪ Abaissez la pâte sur 3 mm d'épaisseur et découpez dedans huit grands carrés de 10 à 12 cm de côté. Laissez-les de côté à plat sur un torchon. Nettoyez les moules en les brossant sous le robinet d'eau froide. Pelez et hachez l'échalote. Faites chauffer 15 g de beurre dans une cocotte, ajoutez l'échalote et le persil. Lorsque le tout est bien chaud, versez le vin et remuez, puis ajoutez les moules, couvrez et laissez cuire pendant quelques minutes jusqu'à ce que toutes les moules soient ouvertes. Jetez celles qui restent fermées. Filtrez le jus de cuisson et décoquillez les noix de chair. Jetez les coquilles.

▪ Faites chauffer le jus de cuisson dans une casserole. Râpez finement le zeste du citron et pressez son jus, ajoutez le jus au liquide précédent et faites chauffer. Ajoutez les noix de saint-jacques et laissez-les pocher pendant 2 à 3 minutes (le blanc doit devenir opaque). Égouttez-les. Faites chauffer l'huile dans une poêle antiadhésive. Coupez le filet de saumon en dés et faites-les sauter vivement pendant 2 à 3 minutes. Poudrez avec le zeste de citron et ajoutez la crème fleurette. Laissez en attente.

▪ Faites cuire les carrés de pâte dans une grande casserole d'eau bouillante salée en les plongeant un par un pour les empêcher de coller. Laissez-les cuire environ 4 minutes, puis égouttez-les délicatement sur un torchon propre. Faites fondre le reste de beurre.

▪ Déposez un carré de pâte dans chacune des assiettes de service, légèrement beurrée. Répartissez par-dessus les moules, les noix de saint-jacques et les dés de saumon. Posez un second carré de pâte dessus, parsemez d'estragon et arrosez avec le beurre fondu. Salez et poivrez. Servez aussitôt.

BONUS GOURMAND : Pour la garniture de ces ravioli, vous pouvez prendre par exemple un mélange de pétoncles, crevettes et petits dés de lotte et remplacer l'estragon par de l'aneth.

lasagne
aux légumes

POUR 6 PERSONNES *préparation : 1 h cuisson : 50 min environ*

500 g de pâte à pâtes fraîches vertes ou nature • 500 g d'épinards hachés surgelés • 8 œufs • 2 cuill. à soupe de chapelure • 150 g de parmesan râpé • 2 aubergines • 2 courgettes • 4 cuill. à soupe de farine • 300 g de champignons de couche • 4 cuill. à soupe de persil plat ciselé • 50 cl de sauce tomate • 250 g de comté • huile d'olive • sel et poivre

▪ Découpez des rectangles de 10 x 20 cm dans une pâte à pâtes abaissée sur 3 mm d'épaisseur. Faites-les cuire dans une grande quantité d'eau bouillante salée additionnée d'un filet d'huile d'olive pendant 5 minutes, en procédant en plusieurs fois (et en plongeant les rectangles de pâte un par un dans l'eau bouillante). Égouttez-les soigneusement et réservez-les à plat sur un grand torchon.

▪ Décongelez les épinards, mélangez-les avec un œuf battu, la chapelure et 1 cuillerée à soupe de parmesan. Façonnez cette farce en petites boulettes et faites-les revenir à l'huile dans une poêle jusqu'à ce qu'elles soient bien dorées (5 minutes environ). Réservez.

▪ Détaillez les aubergines et les courgettes en fines rondelles. Farinez-les légèrement et faites-les rissoler à l'huile d'olive dans une grande poêle pendant une dizaine de minutes. Réservez. Faites par ailleurs revenir les champignons émincés, également à l'huile. Salez et poivrez.

▪ Étalez une couche de sauce tomate dans le fond d'un grand plat à gratin. Déposez une couche de lasagne dessus, puis des champignons, des rondelles de courgettes et d'aubergines. Ajoutez du comté râpé, puis des boulettes d'épinard. Remplissez ainsi le plat en alternant les ingrédients, toujours séparés par une couche de lasagne. Ajoutez également, en même temps que la sauce tomate, les œufs battus salés et poivrés. Terminez par des boulettes d'épinard et le reste de parmesan. Faites cuire dans le four à 200 °C (th.7) pendant une vingtaine de minutes. Servez très chaud.

BONUS GOURMAND : Comme la préparation de cette recette est assez longue, procurez-vous une sauce tomate toute faite en bocal ou en brique, de préférence parfumée au basilic. Vous pouvez réaliser toute la préparation à l'avance (la veille), y compris le montage, réserver le tout au réfrigérateur à couvert et faire cuire au dernier moment.

cannelloni
à la viande

POUR 4 PERSONNES *préparation : 25 min* *cuisson : 1 h 50 environ*

2 gousses d'ail • 3 oignons • 500 g de viande bœuf à braiser, dégraissée et dénervée • 6 tomates • 2 branches de céleri • 3 cuill. à soupe d'huile d'olive • 1 bouquet garni • 25 cl de bouillon de bœuf • 20 cl de vin rouge • 2 cuill. à soupe de concentré de tomate • 20 rectangles de pâte à pâtes fraîches de 10 cm de côté • 2 cuill. à soupe de concentré de tomate • 4 cuill. à soupe de parmesan râpé • sel et poivre

▪ Pelez et hachez les gousses d'ail et les oignons. Hachez grossièrement la viande. Ébouillantez, pelez et concassez les tomates. Effilez et hachez le céleri. Faites revenir à l'huile bien chaude les oignons et l'ail.

▪ Ajoutez le céleri et la viande. Remuez pendant 5 minutes, puis ajoutez les tomates. Laissez mijoter pendant 10 minutes à découvert, puis ajoutez le bouillon, le vin et le bouquet garni. Couvrez et laissez mijoter pendant 1 heure 30 en remuant de temps en temps.

▪ Faites cuire les rectangles de pâte pendant 3 à 4 minutes à l'eau bouillante salée. Égouttez-les et épongez-les délicatement sur un grand torchon. Retirez le bouquet garni de la sauce, goûtez et rectifiez l'assaisonnement.

▪ Garnissez les rectangles de pâte avec cette sauce bien épaisse et roulez-les. Rangez-les dans un plat à gratin. Délayez le reste de sauce avec le concentré de tomate. Nappez-en les cannelloni. Saupoudrez de parmesan et faites gratiner dans le four jusqu'à ce que le dessus soit bien doré. Servez dans le plat.

BONUS GOURMAND : Les cannelloni en pâte sèche, en forme de tuyaux prêts à farcir, sont nettement moins maniables que les carrés de pâte à pâtes fraîches. Selon votre goût, vous pouvez choisir des carrés plus ou moins grands : 8 à 12 cm. À la place du bœuf à braiser, qui demande une cuisson assez longue, vous pouvez prendre des blancs de poulet émincés avec des champignons, qui seront cuits en l'espace d'une demi-heure.

lasagne vertes au four

POUR 4 PERSONNES *préparation : 25 min* *cuisson : 1 h 30*

1 carotte • 1 oignon • 1 branche de céleri • 100 g de petits lardons maigres non fumés • 100 g de beurre • 200 g de chair à saucisse fine • 200 g de bœuf haché • 2 cuill. à soupe de sauce tomate • 10 cl de crème fraîche • 500 g de grands carrés de pâte verte • 50 cl de sauce béchamel • 100 g de parmesan • sel et poivre

▪ Pelez et hachez finement la carotte et l'oignon. Effilez et hachez la branche de céleri. Hachez grossièrement les lardons. Réunissez ces ingrédients dans un grand poêlon, ajoutez 25 g de beurre et faites revenir sur feu vif en remuant pendant 5 minutes.

▪ Ajoutez la chair à saucisse et le bœuf haché, émiettez le tout en remuant avec une spatule et laissez colorer, puis ajoutez la sauce tomate délayée dans un verre d'eau, salez et poivrez. Laissez mijoter à couvert pendant 1 heure sur feu doux en rajoutant de temps un temps un filet d'eau chaude si elle est trop épaisse.

▪ Faites cuire les carrés de pâte dans une grande quantité d'eau bouillante salée, par petites quantités successives ; égouttez-les au fur et à mesure et épongez-les à plat délicatement sur un grand torchon. Incorporez la crème à la sauce et préparez la béchamel.

▪ Beurrez un plat à gratin avec 40 g de beurre, étalez dans le fond une couche de lasagne, puis une couche de sauce et saupoudrez de parmesan. Remplissez le plat en alternant ainsi les ingrédients. Terminez par une couche de lasagne nappées de béchamel et largement poudrées de parmesan. Ajoutez le reste de beurre en parcelles et faites gratiner dans le four à 180 °C (th.6) pendant une vingtaine de minutes. Servez très chaud dans le plat.

BONUS GOURMAND : Pour préparer la sauce béchamel, faites fondre 50 g de beurre dans une casserole, versez 50 g de farine et remuez vivement au fouet. Faites cuire sur feu doux en remuant pendant 2 minutes. Versez doucement 50 cl de lait hors du feu, faites ensuite cuire sur feu doux en remuant pendant 12 minutes environ, salez, poivrez et muscadez. Vous pouvez, bien sûr, réaliser cette recette avec des lasagne nature.

maltagliati
au pesto

POUR 4 PERSONNES *préparation : 15 min cuisson : 5 min*

6 belles gousses d'ail • 1 gros bouquet de basilic frais • 20 cl d'huile d'olive • 100 g de parmesan fraîchement râpé • 100 g de pignons de pin • 450 g de maltagliati • sel et poivre du moulin

▪ Pelez et émincez les gousses d'ail. Effeuillez le bouquet de basilic, lavez et épongez les feuilles sur du papier absorbant. Si vous utilisez un mortier, réunissez dedans l'ail et quelques pincées de sel, pilez pour réduire le tout en pâte, puis ajoutez les feuilles de basilic petit à petit et pilez toujours dans le même sens. Lorsque toutes les feuilles sont pilées, versez l'huile en filet jusqu'à consistance de pâte fluide, puis ajoutez le parmesan. Goûtez et rectifiez l'assaisonnement en mélangeant intimement.

▪ Si vous réalisez le pesto au robot, réunissez dans le bol mélangeur l'ail, le sel et le basilic. Réduisez le tout en purée, puis ajoutez l'huile et mixez à nouveau, et incorporez le parmesan.

▪ Faites cuire les pâtes dans une grande quantité d'eau bouillante salée jusqu'à ce qu'elles soient bien tendres, puis égouttez-les soigneusement. Pendant ce temps, faites griller les pignons de pin légèrement dans une petite poêle sans ajouter de matière grasse en les remuant pendant 2 à 3 minutes. Retirez du feu.

▪ Étalez une cuillerée à soupe de pesto dans le fond de quatre assiettes creuses chaudes. Répartissez la moitié des maltagliati dessus, nappez de pesto, puis ajoutez le reste des pâtes et le reste de pesto. Ajoutez les pignons grillés et donnez un tour de moulin à poivre. Servez aussitôt.

BONUS GOURMAND : Sauce typique de la cuisine italienne originaire de Gênes, le pesto peut aromatiser toutes sortes de pâtes, mais de préférence des rubans ou encore des carrés de pâte comme les lasagne, ainsi que les maltagliati, découpés irrégulièrement, voire les brandelli. Le pesto se confectionne au mortier ou (plus rapidement) au robot, mais il se conserve deux jours au réfrigérateur. Sortez-le à l'avance pour l'utiliser à température ambiante.

macaroni
au jambon

POUR 4 PERSONNES *préparation : 5 min* *cuisson : 10 min*

400 g de macaroni frais
• 2 grandes tranches épaisses de jambon cuit à l'os (250 g environ)
• 20 cl de crème fleurette • 100 g de parmesan fraîchement râpé
• 1 cuill. à soupe d'huile d'olive • 25 g de beurre • sel et poivre du moulin

▪ Faites cuire les macaroni dans une grande quantité d'eau bouillante salée, additionnée d'huile d'olive. Égouttez-les quand ils sont juste cuits. Réservez. Détaillez le jambon en petits dés après avoir retiré la couenne et l'excès de gras.

▪ Beurrez un plat à gratin et versez les macaroni cuits dedans. Ajoutez la crème et mélangez, puis ajoutez les dés de jambon et mélangez à nouveau. Faites cuire dans le four à 240 °C (th.8) pendant 5 minutes, puis saupoudrez largement de parmesan, donnez un ou deux tours de moulin à poivre et servez aussitôt.

BONUS GOURMAND : Pour confectionner des macaroni, découpez la pâte étalée (3 mm d'épaisseur) en carrés de 4 cm de côté. Enroulez chaque carré sur un crayon fariné. Faites glisser les macaroni au fur et à mesure sur une grille à pâtisserie. Procédez le plus rapidement possible (ou faites-vous aider...), car la pâte ne reste pas très longtemps malléable.

farfalle
alla mozzarella

POUR 4 PERSONNES *préparation : 10 min cuisson : 5 min*

4 belles tomates mûres • 200 g de mozzarella • 6 filets d'anchois à l'huile • 120 g d'olives noires • 400 g de farfalle • 12 cl d'huile d'olive • 1 cuill. à soupe d'origan ou de thym frais • sel et poivre

▪ Ébouillantez les tomates, pelez-les et coupez-les en rondelles. Égouttez la mozzarella et coupez-la en lamelles ou en petits dés. Tenez-les au frais. Égouttez et épongez les anchois, coupez-les en deux ou trois. Dénoyautez les olives, coupez-les en deux.

▪ Faites cuire les papillons dans une grande quantité d'eau bouillante salée. Égouttez-les quand ils sont tendres et versez-les dans un plat creux chaud avec 4 cuillerées à soupe d'huile d'olive. Ajoutez les anchois et les olives, salez modérément et poivrez. Mélangez délicatement.

▪ Ajoutez les rondelles de tomates et la mozzarella, arrosez avec le reste d'huile et mélangez à nouveau, poudrez d'origan ou de thym et servez aussitôt.

BONUS GOURMAND : Les farfalle sont des pâtes en forme de papillon. La véritable mozzarella est au lait de bufflonne et non au lait de vache. Elle possède une texture et une saveur inimitables. Veillez à bien vérifier la date limite de consommation, car c'est un fromage frais qui ne se conserve pas longtemps. Si vous en avez en reste, gardez-la dans un bol couvert au réfrigérateur dans le liquide avec lequel elle est vendue (48 heures). Si vous ne trouvez pas de thym frais ou d'origan frais, remplacez-le par 2 cuillerées à soupe de basilic frais ciselé. L'origan ou le thym séché ont une saveur piquante et désagréable.

farfalle
au saumon

POUR 4 PERSONNES *préparation : 20 min cuisson : 25 min environ*

250 g de saumon frais sans peau ni arêtes • 1 fenouil • 6 cuill. à soupe d'huile d'olive • 1 cuill. à café de cognac • 1/2 cube de bouillon de légumes • 400 g de farfalle frais • sel et poivre

▪ Détaillez le saumon frais en dés. Parez le fenouil, conservez le vert des feuilles et hachez-le finement ; émincez très finement le fenouil. Faites chauffer 3 cuillerées à soupe d'huile dans une sauteuse. Ajoutez les morceaux de saumon et saisissez-les en les retournant plusieurs fois. Ajoutez le cognac, mélangez délicatement, puis retirez les morceaux et réservez.

▪ Mettez le fenouil émincé à la place, remuez pendant 5 minutes, puis mouillez avec le bouillon (le cube délayé dans un verre d'eau bouillante). Salez modérément et poivrez, puis couvrez et laissez mijoter pendant 5 minutes. Remettez les morceaux de saumon dans la sauteuse.

▪ Faites cuire les farfalle dans une grande quantité d'eau bouillante salée. Égouttez-les quand ils sont bien tendres et versez-les dans un plat creux avec le reste d'huile. Salez et poivrez, puis ajoutez la sauce au fenouil et au saumon, ainsi que le vert de fenouil frais haché. Mélangez délicatement et servez aussitôt.

BONUS GOURMAND : Si le saumon frais (ou fumé) peut sembler exotique dans la cuisine italienne, il est vrai que les pâtes, elles, peuvent s'adapter à des ingrédients venus de tous les horizons. Cette recette peut également se cuisiner avec des orecchiette. Pour obtenir des farfalle (papillons), découpez la pâte en carrés de 4 cm de côté, puis chaque carré en deux rectangles égaux, que vous pincerez fermement au milieu. Utilisez de préférence une roulette dentelée pour découper la pâte.

maltagliati
aux aubergines

POUR 4 PERSONNES *préparation : 20 min cuisson : 20 min environ*

4 aubergines assez fines bien fermes • 2 oignons • 2 gousses d'ail • 4 tomates • 10 cl d'huile d'olive • 10 cl de bouillon de volaille • 1 cuill. à soupe de thym frais haché (ou 1 cuill. à café de thym séché) • 450 g de maltagliati • 80 g de parmesan râpé • sel et poivre

▪ Lavez et essuyez les aubergines. Coupez le pédoncule et coupez-les en fines rondelles. Retaillez ces rondelles en deux, puis les demi-rondelles encore en deux. Pelez et émincez finement les oignons et les gousses d'ail. Ébouillantez les tomates, pelez-les et coupez-les en petits morceaux.

▪ Faites chauffer la moitié de l'huile dans une grande poêle ou une sauteuse. Ajoutez les oignons et l'ail, mélangez et faites revenir pendant 2 minutes, puis ajoutez les aubergines. Mélangez et continuez à faire revenir pendant 3 à 4 minutes. Ajoutez les tomates et le bouillon, salez et poivrez, ajoutez également le thym. Mélangez intimement et laissez mijoter à découvert pendant 15 minutes environ.

▪ Pendant ce temps, faites cuire les maltagliati dans une grande quantité d'eau bouillante salée jusqu'à ce qu'ils soient bien tendres (4 à 5 minutes environ). Égouttez-les et versez-les dans un plat creux bien chaud avec le reste d'huile d'olive. Remuez en versant la sauce aux aubergines dessus. Saupoudrez de parmesan et servez aussitôt.

BONUS GOURMAND : À la différence des brandelli (lambeaux déchirés), les maltagliati (mal taillés) sont découpés de manière irrégulière (losanges allongés, rectangles, triangles, etc.) à l'aide d'une roulette, dentelée ou lisse, et non déchirés à la main.

fusilli
aux brocolis

POUR 4 PERSONNES *préparation : 15 min* *cuisson : 15 min*

500 g de petits bouquets de brocolis • 1 œuf
• 1 citron • 5 cuill. à soupe d'huile d'olive • 2 cuill. à soupe de ciboulette ciselée
• 2 cuill. à soupe de persil ciselé • 1 cuill. à soupe d'estragon ciselé
• 1 cuill. à soupe de cerfeuil ciselé • 400 g de fusilli
• 100 g de parmesan fraîchement râpé • sel et poivre

▪ Parez et lavez les brocoli si nécessaire. Faites-les cuire pendant 10 minutes à l'eau bouillante salée, puis égouttez-les à fond. Pendant ce temps, faites cuire l'œuf dur, rafraîchissez-le, écalez-le et coupez-le en deux.

▪ Extrayez le jaune, écrasez-le à la fourchette et mettez-le dans un mixer, ajoutez le jus de citron et l'huile, salez et poivrez. Mixez rapidement, puis ajoutez toutes les fines herbes. Mixez à nouveau. Réservez.

▪ Faites cuire les fusilli à l'eau bouillante salée jusqu'à ce qu'ils soient bien tendres. Égouttez-les et versez-les dans un plat creux bien chaud, ajoutez les bouquets de brocoli tièdes et nappez de sauce. Saupoudrez de parmesan et servez.

BONUS GOURMAND : Les fusilli (tortillons) sont faciles à confectionner. Lorsque la pâte est abaissée finement, découpez dedans des carrés de 4 cm de côté avec une roulette lisse, puis découpez dedans quatre languettes égales. Enroulez-les ensuite en vrille autour du manche d'un grosse aiguille à tricoter. Retirez l'aiguille et laissez sécher les fusilli avant de les faire cuire.

brandelli

aux asperges et aux crevettes

POUR 4 PERSONNES *préparation : 15 min* *cuisson : 10 min*

500 g de fines asperges vertes • 50 g de beurre • 2 échalotes • 1 cuill. à soupe d'huile d'olive • 4 cuill. à soupe de crème fleurette • 500 g de brandelli frais • 150 g de queues de crevettes roses cuites • 2 cuill. à soupe de ciboulette • sel et poivre

▪ Coupez le base du pied des asperges, pelez la tige avec un couteau économe en allant de la pointe vers le bas. Coupez les pointes à 6 cm du haut ; taillez le reste en petits tronçons. Pelez et émincez finement les échalotes.

▪ Faites chauffer la moitié du beurre dans une casserole à fond épais, ajoutez les échalotes et faites-les revenir en remuant pendant 2 minutes, puis ajoutez les petits tronçons et mélangez. Salez et poivrez, faites cuire pendant 5 à 6 minutes, puis ajoutez la crème. Portez à ébullition, puis retirez du feu et réduisez le tout en purée lisse au mixer.

▪ Pendant la cuisson de cette sauce, faites cuire les pointes d'asperges à la vapeur en les tenant un peu croquantes. Faites également cuire les brandelli à l'eau bouillante salée jusqu'à ce qu'ils soient bien tendres. Faites enfin chauffer doucement les queues de crevettes dans une petite poêle avec l'huile d'olive et la ciboulette.

▪ Mettez le beurre en parcelles dans un grand plat creux, ajoutez les brandelli bien chauds et mélangez, salez et poivrez. Ajoutez la sauce crème aux asperges et remuez, puis garnissez avec les pointes d'asperges et les queues de crevettes.

BONUS GOURMAND : La saison des asperges fraîches va du début mars à la fin juin. Plus elles sont fraîches, meilleures elles sont. N'utilisez pas d'asperges en conserve, fades et aqueuses. En revanche, il existe des asperges vertes surgelées qui peuvent très bien convenir pour cette recette : respectez dans ce cas le temps de cuisson indiqué par le fabricant.

brandelli
aux artichauts

POUR 4 PERSONNES *préparation : 15 min* *cuisson : 15 min environ*

8 cœurs d'artichauts à l'huile d'olive • 4 fonds d'artichauts à l'huile d'olive • 1 oignon • 2 grosses tomates • 2 gousses d'ail • 500 g de brandelli frais • 2 cuill. à soupe de basilic ciselé • 2 cuill. à soupe de persil plat ciselé • 80 g de parmesan fraîchement râpé • sel et poivre

▪ Égouttez les cœurs d'artichauts et coupez-les en deux. Égouttez les fonds d'artichauts, coupez-les en lamelles (s'il y a les queues, hachez-les grossièrement). Conservez 4 cuillerées à soupe de l'huile de conserve de ces produits (celle qui contient de préférence des aromates).

▪ Pelez et émincez très finement l'oignon et les gousses d'ail. Ébouillantez les tomates, pelez-les et taillez-les en petits dés après avoir éliminé les pépins avec une petite cuiller. Faites chauffer la moitié de l'huile dans une grande poêle, ajoutez l'oignon et l'ail.

▪ Mélangez et faites revenir en remuant pendant 3 minutes, puis ajoutez les tomates, les cœurs et les fonds d'artichauts. Mélangez délicatement, couvrez et laissez mijoter doucement pendant 12 minutes.

▪ Pendant ce temps, faites cuire les brandelli dans une grande quantité d'eau bouillante salée en remuant au début pour les empêcher de coller entre eux. Égouttez-les à fond et versez-les dans la poêle. Ajoutez le reste d'huile et mélangez avec la sauce. Goûtez et rectifiez l'assaisonnement.

▪ Répartissez dans des assiettes creuses bien chaudes, parsemez avec le basilic et le persil mélangés, saupoudrez de parmesan et servez aussitôt.

BONUS GOURMAND : *Brandelli* signifie en italien lambeaux, morceaux déchirés. C'est une variété de pâtes fraîches inventée par le cuisinier Antonio Carluccio, grand spécialiste des pâtes : c'est de loin la forme la plus simple, car elle consiste à déchirer au hasard des petits bouts de pâte irréguliers qui mesurent au moins 5 cm de long. Les cœurs et les fonds d'artichauts à l'huile d'olive se trouvent en bocaux dans les épiceries italiennes ou au rayon italien des grandes surfaces.

Index des recettes

Brandelli aux artichauts .... p. 68

Brandelli aux asperges et aux crevettes .... p. 66

Cannelloni à la viande .... p. 50

Cannelloni jambon ricotta .... p. 42

Farfalle alla mozzarella .... p. 58

Farfalle au saumon frais .... p. 60

Fettuccine à l'ail et aux tomates séchées .... p. 12

Fettuccine au veau et aux pleurotes, sauce roquefort .... p. 22

Fusilli aux brocolis .... p. 64

Lasagne aux légumes .... p. 48

Lasagne vertes au four .... p. 52

Macaroni au jambon .... p. 56

Maltagliati au pesto .... p. 54

Maltagliati aux aubergines .... p. 62

Paille et foin à la piémontaise .... p. 24

Pappardelle au basilic et aux haricots .... p. 32

Pappardelle au civet .... p. 16

Pappardelle au potiron .... p. 28

Pappardelle au poulet et aux champignons .... p. 36

Pâtes fraîches (recette de base) .... p. 10

Pâtes fraîches aux lardons grillés et au saumon fumé .... p. 14

Ravioli aux épinards .... p. 44

Ravioli géants poisson et fruits de mer .... p. 46

Tagliarini au citron .... p. 30

Tagliatelle aux foies de volaille .... p. 40

Tagliatelle aux noix .... p. 26

Tagliatelle aux petites salades .... p. 18

Tagliatelle aux raisins secs et aux pignons de pin .... p. 38

Tagliatelle noires au crabe .... p. 20

Tagliolini primavera .... p. 34

Julie Schwob remercie très chaleureusement :

Catherine Moreau, pour son aide et sa bonne humeur au fil de ce livre !
Barbara, pour cette merveilleuse machine à pâtes.
Stephen, pour sa présence malgré les kilomètres !

Shopping :

107 Rivoli
Boutique du musée des Arts décoratifs de Paris
107, rue de Rivoli, 75001 Paris, à retrouver sur www.lesartsdecoratifs.fr
pour l'assiette page 39 et la bouteille page 53.

13 à table
Boutique d'arts de la table, 34 rue de Rivoli, 75004 Paris,
à retrouver sur www.13atable.com
pour la balance pages 7, 8 ;
les assiettes pages 17, 53, 59 et le plat page 19.

Arc International
À retrouver sur www.arc-international.com
et au 0 810 810 759
pour les assiettes pages 15, 33.

Fleux
33, rue Sainte-Croix-de-la Bretonnerie, 75004 Paris,
à retrouver sur www.fleux.com
pour la vaisselle Siletti :
boîte à œufs page 8 ; bol page 35 ; salières page 53.

Habitat
À retrouver sur www.Habitat.fr
pour le tablier pages 25, 59 ;
le plateau pages 31, 63 et les assiettes page 31.

Zero one one
Boutique d'arts de la table, 2 rue Marengo, 75001 Paris
pour les sets de table Chilewich page 41.

Photogravure : APS/Chromostyle

Achevé d'imprimer en février 2009 chez POLLINA à Luçon - L49153
Dépôt légal : avril 2009
Imprimé en France